AF466892

MÉMOIRE

SUR LA GÉOGRAPHIE

ET LA NAVIGATION

DE L'ILE-DE-FRANCE;

PAR M. L. FREYCINET,

CAPITAINE DE FRÉGATE DE LA MARINE IMPÉRIALE.

(*Inséré dans le* Voyage pittoresque à l'Ile-de-France, *de* M. MILBERT.)

PARIS,

IMPRIMERIE DE LE NORMANT,

RUE DE SEINE, N° 8, F. S. G.

1811.

MÉMOIRE

SUR LA GÉOGRAPHIE

ET LA NAVIGATION

DE L'ILE-DE-FRANCE.

§. Ier.

Détails géographiques et géométriques.

L'Ile-de-France, placée au milieu de l'Océan Indien, se trouve située sur la route des Indes orientales au cap de Bonne-Espérance· Sa position la rend importante au commerce, sous le double rapport d'un entrepôt commode pour les marchandises, et d'une relâche salutaire aux navires qui viennent y aborder.

Le célèbre abbé de la Caille, après avoir fait tant de belles et importantes observations à la partie méridionale de l'Afrique, se rendit aussi à l'Ile-de-France. Un séjour de neuf mois dans cette colonie lui laissa le loisir de rassembler, sur la géographie de cette île, les données les plus précieuses. Le résultat de ses travaux fut publié, à son retour, dans les Mémoires de l'Académie des Sciences, année 1754. Les manuscrits originaux de ce savant astronome sont conservés à l'Observatoire impérial, de Paris, et il existe au Dépôt des cartes et plans de la Marine, une copie de ceux qui sont relatifs à l'île qui nous occupe.

Il était important à la perfection de la carte que j'avais à faire construire, que j'eusse connaissance de ces précieux matériaux. Son Excellence le Ministre de la Marine et des Colonies a bien voulu permettre qu'ils me fussent communiqués; et, grâce à cet intérêt qu'elle porte aux sciences nautiques, j'espère pouvoir offrir aux géographes et aux navigateurs une carte aussi exacte dans son ensemble que recommandable par ses détails.

Il a été publié jusqu'à ce jour plusieurs cartes de l'Ile-de-France : celles dressées dans les premiers temps par les Hollandais, et que l'on trouve, entr'autres, dans le Recueil de Van-Keulen, sont trop inexactes pour mériter une critique sérieuse et détaillée. Nous nous bornerons à dire un mot des cartes qui, plus modernes, ont obtenu jusqu'à ce jour une distinction particulière.

M. d'Après de Mannevillette, dont les travaux nombreux en géographie forment une époque si glorieuse dans l'histoire de la marine française, fit lui-même à l'Ile-de-France, en 1751, une suite d'opérations pour déterminer les vraies dimensions de cette île. Les observations et les calculs de cet habile officier se trouvent exposés avec le plus grand détail dans le quatrième volume des Mémoires des Savants étrangers. Il trouva, ainsi qu'il nous l'apprend lui-même (1), que l'étendue de l'île, du nord au sud, était tout au plus de onze lieues trois quarts, et non de vingt et une lieues, comme le supposaient les anciens plans.

Ce célèbre géographe inséra dans son Neptune oriental un plan de l'Ile-de-France. Ce plan, qui ne contient que le contour des côtes et des récifs dont l'île est environnée, est précieux par les détails qu'on y remarque. L'auteur, marin aussi distingué que géographe infatigable, a dû sentir toute l'importance d'un travail de ce genre, et apporter tous ses soins à sa rédaction. Au reste, M. d'Après dit expressément qu'il a établi son plan sur les bases fixées en 1753 par l'abbé de la Caille.

M. le Gentil, dans son Voyage aux mers de l'Inde, imprimé en 1781, donne une carte de

(1) Préface du Neptune oriental, pag. vj. Voyez aussi les Mémoires cités pag. 434.

l'Ile-de-France, assujettie aussi aux observations de l'abbé de la Caille, mais bornée, comme la précédente, aux détails de la côte, et construite d'ailleurs sur une fort petite échelle : cette carte est loin d'offrir aux navigateurs autant d'intérêt que celle de M. d'Après.

On trouve dans le deuxième volume de l'Hydrographie française, une très grande carte de l'Ile-de-France, par M. Bellin ; elle a été rédigée au Dépôt de la Marine, et l'auteur a également mis en œuvre les résultats obtenus par l'abbé de la Caille. Cette carte, beaucoup plus complète que les deux autres, puisqu'elle comprend, autant que l'échelle a pu le permettre, la topographie de l'île, est cependant incorrecte à beaucoup d'égards. Quoique d'une plus grande dimension que celle de M. d'Après, elle ne contient pas autant de détails dans le développement des côtes ; l'on peut même dire que cette partie si importante à la navigation a été fort négligée. A l'égard des détails intérieurs, ils sont loin d'être toujours exacts. La position du grand bassin, celle de la mare aux Vacois, et tant d'autres qu'il serait trop long de citer, sont fort erronées. Ces imperfections, qui ne sont au reste qu'une nouvelle preuve de la marche progressive des sciences, n'ont point empêché la carte de M. Bellin d'être long-temps et justement estimée : elle a été copiée plusieurs fois, réduite à des formats divers; et, malgré les fautes sans nombre dont la plupart de ces copies ont été surchargées, il est facile d'en reconnaître l'origine.

Je joins ici la comparaison de quelques-uns des points de la carte de M. Bellin, avec ceux déterminés par l'abbé de la Caille.

NOMS DES POINTS.	POSITIONS PRISES sur la carte de M. Bellin.	POSITIONS d'après l'abbé de la Caille.	Erreurs.
Cap S. O. de l'île.	20° 27′ 8″ Sud. 54 56 40 E. Paris.	20° 27′ 50″ Sud. 54 56 40 E. Paris.	−0′ 42″ −0 00
Partie la plus S. de l'île.	20 30 37 S.	20 31 10 S.	−0 33
Ile de la Passe.	20 23 36 S. 55 22 20 E.	20 23 44 S. 55 23 51 E.	−0 8 −1 31
Pointe du Diable.	20 20 5 S. 55 22 54 E.	20 20 0 S. 55 24 26 E.	+0 5 −1 32
Ile Marianne.	20 22 26 S. 55 23 21 E.	20 22 34 S. 55 25 3 E.	−0 8 −1 42
Cap Malheureux.	19 59 15 S. 55 14 0 E.	19 58 41 S. 55 14 22 E.	+0 34 −0 22
Pointe aux Canonniers.	20 0 21 S. 55 10 32 E.	19 59 50 S. 55 10 49 E.	+0 11 −0 37

Si l'on fait attention à la grandeur de l'échelle sur laquelle la carte est construite, on trouvera que la plupart de ces erreurs sont très considérables, et ne peuvent être attribuées aux variations du papier.

Nous devons à M. Lislet-Geoffroy, directeur

du Dépôt de la Marine à l'Ile-de-France; une carte très belle et très intéressante des îles de France et Bonaparte. Cette carte est construite sur des données précieuses dont les originaux sont, pour la plupart, encore inédits. On regrette que la petitesse de l'échelle n'ait pas permis à l'habile ingénieur que nous venons de citer, de faire usage de toutes ses richesses.

M. Lislet a employé, comme ses prédécesseurs, les travaux de l'abbé de la Caille; il en prévient lui-même, et nous avons droit de nous étonner des différences qui se font remarquer dans la position de plusieurs points. Nous nous bornerons à en citer quelques-unes, ne voulant pas entreprendre une analyse détaillée de cette carte.

NOMS DES POINTS.	POSITIONS PRISES sur la carte de M. Lislet.	POSITIONS d'après l'abbé de la Caille.	Erreurs.
Cap S. O. de l'île.	20°26'53"Sud. . . 54 56 39 E. Paris.	20°27'50"Sud. . . 54 56 8 E. Paris.	—0'57" +0 31
Pointe d'Ariembel.	20 29 41 S. . . . 55 6 0 E. . . .	20 30 58 S. . . . 55 7 3 E. . . .	—1 17 —1 3
Pointe du Diable.	20 20 28 S. . . . 55 24 53 E. . . .	20 20 0 S. . . . 55 24 26 E. . . .	+0 28 +0 27
Cap Malheureux.	19 59 13 S. . . . 55 15 0 E. . . .	19 58 41 S. . . . 55 14 22 E. . . .	+0 32 +0 38
Ile aux Serpens. .	19 47 35 S. . . . 55 26 32 E. . . .	19 48 55 S. . . . 55 26 10 E. . . .	—1 20 —0 38
Coin de Mire . .	19 56 0 S. . . . 55 12 57 E. . . .	19 56 12 S. . . . 55 14 37 E. . . .	—0 12 —1 40
Pointe aux Canonniers.	20 0 40 S. . . . 55 11 46 E. . . .	19 59 50 S. . . . 55 10 49 E. . . .	+0 50 +0 57

Toutes ces positions ont été relevées avec le plus grand soin sur la carte manuscrite de l'Ile-de-France envoyée par M. Lislet lui-même, et qui a été gravée au Dépôt impérial de la Marine. On a fait deux éditions successives de cette carte dans un très petit nombre d'années, ce qui prouve suffisamment l'importance du travail dont il s'agit. Au reste, la carte de M. Lislet a eu le sort de celle de M. Bellin ; elle a été copiée souvent, et presque toujours, avec une négligence qui est impardonnable dans un ouvrage de ce genre.

M. Charles Grant, dans son ouvrage intitulé : *The History of Mauritius or the Isle of France*, imprimé à Londres en 1801, a donné une carte, de l'Ile-de-France, composée en grande partie sur celle de M. d'Après et sur celle de M. Bellin : nous n'en parlons point ici comme d'une carte originale, et c'est pour cette raison que nous nous dispenserons d'en faire l'analyse ; nous en faisons mention seulement, parce qu'elle contient quelques détails qui nous ont été utiles, nous citerons particulièrement les sondes qui se trouvent au nord et au nord-ouest de l'île.

Tels sont les éléments divers que nous avons eus sous les yeux, et dont nous avons fait usage pour la rédaction de notre carte de l'Ile-de-France. Nous allons faire connaître successivement l'emploi qu'il nous a paru convenable d'en faire.

On trouve dans les Mémoires de l'Académie des Sciences, année 1754, une table de la position géographique des principaux points observés à l'Ile-de-France, par l'abbé de la Caille. Dans les manuscrits qui nous ont été communiqués par le Dépôt de la Marine, la table de ces positions est beaucoup plus considérable; elle comprend la totalité des lieux sur lesquels les observations ont été faites : le nombre s'en élève à quatre-vingt-six (1); il n'était que de trente et un dans les Mémoires cités. Pour la construction de ma Carte, je me suis astreint à revoir tous les calculs de l'habile astronome dont je viens de parler : ce travail considérable n'a pas été infructueux; il m'a servi à corriger les positions de Pieter Bot (2), de la montagne du Corps-

(1) Rigoureusement parlant, cette table ne contient que la position de 81 points; nous l'avons augmentée de celle des Nos. 5, 23, 24, 59 et 84, que nous avons le moyen de déterminer, à l'aide des observations mêmes de l'abbé de la Caille. (*Voy.* la table suivante.)

(2) Les divers auteurs qui ont parlé de cette montagne ne sont pas d'accord sur l'orthographe qu'il faut employer. L'abbé de la Caille écrit *Pieterboth* et *Pietre-Both.* D'Après de Mannevillette, sur sa carte, *Pitre-bord*, et dans le texte de son Neptune Oriental *Pitre-*

de-Garde, de la pointe de l'îlot des Vacois, enfin de la butte des Papayers, ainsi qu'on le verra plus bas. Avec ces divers points ainsi fixés, j'ai formé le canevas auquel le reste de ma carte se trouve assujetti. Le plan de M. d'Après m'a fourni la presque totalité du contour des côtes, ainsi que le détail des récifs il faut toutefois en excepter le Port-Impérial et le Port-Napoléon. Le premier est réduit d'un très grand et très beau plan manuscrit, levé en 1769, par M. de Tromelin (1); le second est réduit du plan particulier que j'en donne dans cet ouvrage.

---

boot. Bernardin de Saint-Pierre, *Pieterboth*. Le Gentil *Pieter Bot*. Charles Grant, *Peterbotte*. Bory de Saint-Vincent, *Piter Boot*, etc.

Il me paroît que M. le Gentil est le seul qui ait fait usage de la véritable orthographe; car le nom de *Pieter Bot* a été probablement donné à la montagne dont il s'agit, en mémoire du naufrage du général hollandais *Pieter Bot*, qui se perdit avec quatre navires sur les côtes de l'Ile-de-France, et s'y noya avec un grand nombre de ses gens, au commencement du dix-septième siècle. (*Voy.* le Voyage de Guillaume Schouten, pag. 222 de la traduction française.)

(1) C eplan, qui n'a jamais été gravé, m'a été communiqué par M. Baudin des Ardennes, officier distingué de la marine impériale.

La carte de M. Bellin et celle de M. Grant nous ont également fourni quelques détails du même genre. La première pour le bras de mer Saint-Martin, la deuxième pour l'îlot du Tamarin, entièrement omis sur toutes les autres cartes.

Beaucoup de détails importants sur la topographie de l'île ont été tirés des nombreux plans manuscrits qui m'ont été communiqués par le Dépôt des Cartes de la Marine.

Le cours des rivières est, à très peu de chose près, entièrement tiré de la carte de M. Lislet; quelques parties cependant ont été prises sur la carte de M. Bellin, sur celle de M. d'Après et sur des plans manuscrits.

Les montagnes, assujetties comme tout le reste aux déterminations de l'abbé de la Caille, ont été esquissées d'après la carte de M. Lislet, et ensuite terminées sur les données qui nous sont propres.

Les chemins sont, pour la plupart, tirés de la carte de M. Bellin et de celle de M. Grant; quelques-unes des divisions des quartiers sont prises sur cette dernière carte. Enfin, beaucoup d'autres détails paraissent ici pour la première fois, et sont le fruit des recherches que nous avons faites nous-mêmes sur les lieux.

A l'égard du plan particulier que nous donnons du port Napoléon, il est établi comme tous nos autres travaux sur les opérations trigonométriques de l'abbé de la Caille; les détails nautiques du port sont tirés en partie d'un plan manuscrit levé par les ingénieurs de l'Ile-de-France, et en partie aussi des renseignements qui nous ont été communiqués, ou que nous avons recueillis nous-mêmes pendant notre séjour dans l'île. Une grande portion de la ville, le camp des Malabares, toute la topographie des montagnes et des environs du port sont tracés d'après les observations et documents qui nous appartiennent.

Les différentes opérations dont nous venons de rendre compte, tant pour la construction de la carte de l'Ile-de-France que pour celle du plan du port Napoléon, ont toutes été faites sur le cuivre avec des soins scrupuleux, et par une personne depuis long-temps familiarisée avec ces sortes de travaux. Les dessins ont été exécutés par M. Hubert Brué. Nous pensons que ce travail se fera autant remarquer par sa parfaite correction que par son élégance.

L'Ile-de-France est située entre les parallèles de 19° 58′ 41″, et de 20° 31′ 10″; ses méridiens extrêmes sont 54° 56′ 8″, et 55° 26′ 12″, à l'est du méridien de Paris. Les récifs dont l'île est entourée s'étendent au large de ces positions, mais ce n'est que d'une petite quantité. Si l'on prend les tangentes aux parties les plus extérieures des récifs, on aura pour les limites de l'île les parallèles de $\left\{\begin{matrix} 19^{\circ}\,57'\,54'' \\ 20\;\;31\;\;40 \end{matrix}\right.$ et les méridiens de $\left\{\begin{matrix} 54^{\circ}\,55'\,23'' \\ 55\;\;27\;\;35 \end{matrix}\right.$ d'après cela le milieu de l'île se trouve placé par $\left\{\begin{matrix} 20^{\circ}\,14'\,55''5 \\ 20\;\;14\;\;47 \end{matrix}\right\}$ de latitude sud, et $\left\{\begin{matrix} 55^{\circ}\,11'\,10'' \\ 55\;\;11\;\;29 \end{matrix}\right\}$ de longitude à l'est de Paris, ou en nombre ronds, par 20° 15′ de latitude sud et 55° 11′ de longitude E. P. ainsi que l'a conclu l'abbé de la Caille. La table suivante montrera la position de tous les points observés par cet habile astronome.

TABLE

DE LA POSITION GÉOGRAPHIQUE

DES DIVERS POINTS OBSERVÉS A L'ILE-DE-FRANCE
par l'abbé de la Caille, en 1753.

Numéros d'ordre.	INDICATION DES LIEUX.	Latitude sud.	Longitude à l'est de Paris.
1	Portail de l'église neuve du Port-Napoléon (1)	20° 9' 45"	55° 8' 00"
2	Pied du mât de pavillon de la montagne de la Découverte, au Port-Napoléon	20 10 8	55 7 10
3	Pied du mât de pavillon de la Montagne-Longue	20 7 56	55 9 51
4	Sommet de la montagne Pieter Bot	20 11 21	55 11 00

(1) M. d'Après a fixé la position du même lieu en 1751; il l'indique dans le quatrième volume des Mémoires présentés à l'Académie, et pag. 20 du texte de son Neptune oriental, par 20° 9' 43" sud, et sur son plan de l'Ile-de-France, par 20° 9' 40" sud, et 55° 7' 30" à l'E. de Paris. Le texte du Neptune oriental, à la page citée, porte aussi la même longitude. A la vérité cette longitude est annoncée comme occidentale, mais il est évident qu'il y a erreur d'impression.

L'observatoire de l'abbé de la Caille se trouvait peu éloigné du point dont il s'agit; sa latitude était de 20° 9' 42" 5. (Voyez Mémoires de l'Académie des Sciences, année 1754, pag. 54.)

La *Connaissance des Temps* place le Port-Napoléon par 55° 8' 15" à l'est de Paris, et tous les volumes que j'ai consultés s'accordent sur ce point; mais il n'en est pas de même pour la longitude en temps. Les volumes des années XI, XII, XIII, XIV, XV, et 1808, donnent 3h 40' 23". ce qui, réduit en degrés, fait 55° 5' 45"; ceux de 1809, 1810 et 1811, donnent 0h 40' 23", c'est-à-dire 10° 5' 45"; celui de 1812, 3h 40' 23". On rencontre beaucoup d'erreurs de ce genre, dans l'important ouvrage que nous venons de citer.

Numéros d'ordre.	INDICATION DES LIEUX.	Latitude sud.	Longitude à l'est de Paris.
5	Mamelle de l'enfoncement de Pieter Bot	20°11'35"	55°11'53"
6	Sommet de la montagne du Pouce.	20 11 40	55 9 25
7	Piton voisin du Pouce. . . .	20 11 17	55 8 23
8	Mât de pavillon du Port-Napoléon.	20 9 21	55 7 44
9	Mât de pavillon de la batterie royale, ou fort Blanc. . . .	20 9 1	55 6 51
10	Mât de pavillon de la redoute la Bourdonnaye, sur l'île aux Tonneliers	20 8 34	55 7 6
11	Corps de garde de la batterie de la grande rivière. C'est la batterie la plus voisine du fort Blanc. .	20 9 33	55 6 17
12	Pointe de la plaine des Sables : à l'extrémité du banc oriental de roches contiguës à la terre, et un peu élevées au-dessus des autres à l'endroit du brisant. .	20 10 14	55 3 33
13	Pointe des caves de la petite rivière : sur l'escarpé de la pointe la plus sud, laquelle est la plus haute et la plus avancée en mer . .	20 11 16	55 2 20
14	Pointe sud de l'anse de la petite rivière : sur l'escarpé d'une roche la plus élevée de la partie sud de cette pointe, et la plus avancée en mer.	20 12 49	55 1 14
15	Pointe moyenne de la petite rivière : sur l'escarpé d'une roche sur laquelle la mer ne brise pas, mais qui, vue de la pointe de la rivière Belle-Ile ou de celle de l'entrée sud de l'anse de la petite rivière, paraît coupée et adossée à une autre roche inclinée, avec laquelle elle fait la figure d'une mâchoire. . . .	20 13 33	55 0 51
16	Pointe de la rivière Belle-Ile : sur l'escarpé de la roche la plus avancée en mer, laquelle est un peu élevée, et sur le brisant. . .	20 14 16	55 0 29
17	Extrémité de la base de Flic en Flac; signal nord.	20 16 20	54 59 50
18	——— signal sud.	20 18 43	54 59 51

Numéros d'ordre.	INDICATION DES LIEUX.	Latitude sud.	Longitude à l'est de Paris.
19	Pointe australe de la plaine de Flic en Flac : à un gros velou-tier seul, le plus austral de tous.	20°18′41″	54°59′41″
20	Pointe de corail de la petite rivière Noire : sur l'escarpé de la roche la plus avancée en mer, laquelle est à l'extrémité du second banc de roches de cette pointe, en les comptant depuis le sud . . .	20 20 6	54 59 25
21	Sommet de la montagne du Corps-de-Garde : à une grosse roche qui est au plus haut de cette montagne	20 15 22	55 4 50
22	La plus haute pointe de la mon-tagne des Trois-Mamelles . .	20 18 28	55 4 42
23	Le sommet occidental de la même montagne	20 18 23	55 4 21
24	Le piton sud de la même mon-tagne	20 18 43	55 4 36
25	Le sommet de la montagne du Rempart	20 18 2	55 3 23
26	Le morne de la grande rivière Noire.	20 20 40	55 0 13
27	Le piton de la montagne de la petite rivière Noire	20 24 18	55 2 7
28	Le piton du Canot	20 25 36	55 0 23
29	Le piton de la montagne de la Porte.	20 26 50	54 59 27
30	Piton de Fouge : à un arbre resté d'un défriché sur ce piton. .	20 27 58	54 59 15
31	Morne Brabant	20 27 1	54 57 11
32	Extrémité de la base du morne Brabant; signal nord.	20 25 40	54 57 3
33	——————— signal sud.	20 27 49	54 56 32
34	Cap sud-ouest de l'île : à l'extré-mité occidentale de la plaine qui est au pied du morne Brabant, sur un bord de sable à l'endroit où le sommet du morne de la rivière Noire est dans la ligne		

Numéros d'ordre.	INDICATION DES LIEUX.	Latitude sud.	Longitude à l'est de Paris.
	d'une petite pyramide de roches isolée, sur une des faces occidentales du morne Brabant. .	20°27′50″	54°56′ 8
35	Pointe de corail de la Prairie : sur la pointe du second des bancs de corail, en les comptant depuis l'occident : c'est celle qui est le plus avancée en mer . .	20 29 4	54 59 1
36	Pointe du bras de mer Saint-Martin : à l'anse orientale sur l'angle des terres qui s'élèvent un peu au-dessus des sables du bord de la mer	20 29 49	55 1 25
37	Entrée orientale du bras de mer Saint-Martin : au coin des terres qui font la gorge de cette entrée	20 30 3	55 1 33
38	Pointe du bras de mer des Citronniers : au latanier le plus avancé sur le bord de la mer, sur la séparation des terres et du sable. Le pied de ce latanier est enveloppé de veloutiers.	20 30 32	55 2 38
39	Anse du poste Jacotet : sur la tangente, à la séparation des terres et du sable, tirée de la montagne de la Savane.	20 30 19	55 4 6
40	Pointe de la Mare aux Joncs : sur le plus haut d'une masse de roches renfermée dans les brisants	20 30 48	55 6 0
41	Pointe d'Ariembelle : à un gros veloutiers isolé près de cette pointe.	20 30 58	55 7 3
42	Piton de la Savane : au plus boréal des deux arbres qui sont restés d'un défriché fait sur le sommet de la montagne, du côté de la mer.	20 27 2	55 7 30

Numéros d'ordre.	INDICATION DES LIEUX.	Latitude sud.	Longitude à l'est de Paris.
43	Extrémité de la base de la Savane; signal occidental (1).	20°31′ 7″	55° 8′22″
44	——— signal oriental: à cinq pieds en deçà de la pointe de terre élevée qui fait l'entrée occidentale de la petite anse formée par l'embouchure de la rivière des Anguilles	20 30 52	55 10 53
45	Pointe de l'Arcade: sur une hauteur près d'une pointe de terre qui s'avance en mer, au bout de laquelle la mer, en brisant, passe sous une arcade de roches.	20 30 20	55 13 7
46	Pointe Chaour: au sommet le plus austral d'une pointe de roche qui est à l'orient d'une grosse roche isolée et avancée en mer.	20 29 4	55 16 58
47	Pointe du Souffleur: à deux pieds du coin oriental de l'escarpé de roches qui fait l'entrée occidentale d'une crique où la mer s'engoufre dans une grande citerne ouverte et à peu près circulaire, et siffle en brisant sous cette roche.	20 28 38	55 17 55
48	Pointe des Vacois: à la pointe ou escarpé de roches qui s'avance le plus vers les brisants, à vingt pas au-delà des veloutiers bas qui sont à cette pointe . .	20 27 11	55 19 48
49	Pointe des Deux Cocos: au cocotier qui est un peu à l'ouest de cette pointe.	20 26 7	55 21 15

(1) La partie la plus australe de l'île est de 3″ encore plus au sud. M. d'Après a observé en mer la latitude de ce point par 20° 31′. (Voyez le quatrième volume des Mémoires des Savants étrangers, pag. 433, et le plan de l'Ile-de-France dans le Neptune oriental.)

Numéros d'ordre.	INDICATION DES LIEUX.	Latitude sud.	Longitude à l'est de Paris.
50	Ile des Aigrettes : à l'endroit où la pointe de sable est terminée par un peu de verdure.	20°24'55"	55°21'35"
51	Montagne des Créoles : à son sommet oriental.	20 22 48	55 18 43
52	Mât de pavillon du port Impérial, proche l'hôtel du gouvernement.	20 22 20	55 21 9
53	Sommet de la montagne du port Impérial	20 21 29	55 21 14
54	Milieu de l'île de la Passe . . .	20 23 44	55 23 51
55	Milieu de l'île Marianne : à un petit défriché entre des roches, au plus haut de l'île, en tirant un peu vers l'O.	20 22 34	55 25 3
56	Pointe du Diable (1) : au sommet d'une crête de roches sur la petite montagne dont le pied forme cette pointe.	20 20 0	55 24 26
57	Ilot de roche : à l'entrée de la passe du nord du port Impérial.	20 17 26	55 27 8
58	Piton de la montagne du Bambou.	20 18 57	55 22 46
59	Un latanier isolé sur la grande île aux Cerfs.	20 15 9	55 26 19
60	Pointe des Quatre Cocos : au sommet d'une butte, à la pointe qui donne dans l'anse qui avance le plus dans les terres.	20 13 46	55 26 0
61	Pointe de la Baraque à Farine : à la plus haute butte de cette pointe vers l'occident	20 12 51	55 25 39
62	Puits des Hollandais : au plus haut de la butte la plus voisine de ce puits	20 11 38	55 24 34
63	Pointe de Flacq : sur le plus haut		

(1) Ainsi appelée, rapporte Bernardin de Saint-Pierre (tom. I, pag. 307 de son Voyage à l'Ile-de-France), parce que les premiers navigateurs y virent, dit-on, varier leur boussole sans en savoir la raison.

Numéros d'ordre.	INDICATION DES LIEUX.	Latitude sud.	Longitude à l'est de Paris.
	de la masse de roches qui est à la droite de l'îlot	20° 14′ 24″	55° 20′ 54″
64	Pointe du poste à Fayette . . .	20 6 19	55 22 33
65	Montagne de la Faïence ; sommet oriental. .	20 14 24	55 20 54
66	——— sommet occidental.	20 14 28	55 19 13
67	Ile d'Ambre : à la pointe de l'est de la grande île, à l'endroit où les terres se terminent sur les roches.	20 2 9	55 20 28
68	Butte aux Sables : sur une butte isolée et plus élevée que les circonvoisines . :	19 58 58	55 15 28
69	Cap Malheureux (1) : à l'extrémité de la pointe occidentale des roches sur lesquelles la mer brise	19 58 41	55 14 22
70	Le sommet du Coin de Mire. .	19 56 12	55 14 37
71	Le sommet de l'île Plate. . . .	19 52 43	55 16 42
72	Le sommet du Colombier, ou de l'île Blanche.	19 51 31	55 17 10
73	Le sommet de l'île Ronde. . .	19 50 34	55 25 6
74	Le sommet du Parasol de l'île aux Serpents.	19 48 55	55 26 10
75	Pointe de l'îlot des Vacois : au vacois isolé le plus avancé sur les roches, à l'extrémité des terres qui forment une presque île.	19 59 7	55 13 6
76	Pointe des Canonniers : entre les trois premières roches qui sont à l'extrémité de la langue de terre la plus avancée vers la mer.	19 59 50	55 10 49
77	Butte des Papayers.	20 3 35	55 14 4

(1) M. d'Après, donne pour la latitude de ce point 19° 58′. (Voyez son plan de l'Ile-de-France dans le Neptune oriental.)

Numéros d'ordre.	INDICATION DES LIEUX.	Latitude sud.	Longitude à l'est de Paris.
78	Mât de pavillon du piton de la première Découverte	20° 6′ 44″	55° 15′ 14″
79	Pointe des Roches : au toit du magasin à poudre de la batterie qui est sur cette pointe. . . .	20 2 39	55 9 13
80	Pointe aux Piments : au gros veloutier le plus remarquable sur cette pointe vers le nord. . .	20 4 22	55 8 23
81	Base des Pamplemousses ; signal occidental.	20 5 17	55 9 14
82	——————— signal-oriental. .	20 5 26	55 12 20
83	Montagne des Calebasses ; sommet occidental.	20 10 36	55 12 45
84	——————— sommet oriental. .	20 10 41	55 13 3
85	Piton du milieu de l'île. . . .	20 17 9	55 13 10
86	Le milieu de l'île	20 15 0	55 11 0

J'ai parlé plus haut de quelques erreurs de calcul ou de copie que j'avais reconnues dans la table des positions géographiques de l'abbé de la Caille. Ces erreurs portent sur la longitude de quatre points : le sommet de Pieter Bot, celui de la montagne du Corps-de-Garde, la pointe de l'îlot des Vacois, enfin la butte des Papayers : les deux premiers seulement se trouvent portés dans la table insérée dans les Mémoires de l'Académie ; ils sont aussi, et avec les mêmes erreurs, dans le manuscrit. Les longitudes de { Pieter Bot / la montagne du Corps-de-Garde } y sont indiquées de { 55° 10′ 48″ / 55 6 48 } au lieu de

55° 11′ 0″
54 4 50 } la différence est par consé-séquent de { +0′ 12″
+1 58. } L'erreur des deux autres points est bien plus considérable, puisqu'en les construisant tels que les donne le manuscrit, non-seulement ils ne se trouveraient point sur l'île à laquelle ils appartiennent, mais tomberaient à une grande distance au-delà. En effet le manuscrit donne les longitudes de la { pointe de
butte des } l'îlot des Vacois, 55° 44′ 5″
Papayers, 55 47 55 } au lieu de 55° 13′ 6″
55 14 4 } L'erreur, dans l'un et l'autre cas, est égale à { — 30′ 59″
— 33 51 } : Je ne m'étendrai pas davantage sur cet objet ; dans la crainte de dépasser les limites que j'ai dû me prescrire dans ce Mémoire. Je vais maintenant jeter un coup d'œil sur la topographie de l'Ile-de-France.

Selon le calcul de l'abbé de la Caille, fondé sur les mesures géométriques qu'il a faites à l'Ile-de-France, le contour de cette île est de quatre-vingt-dix mille six cent soixante-huit toises. « Je l'ai déterminé, dit-il (Mémoires de l'Aca-» démie des Sciences, de 1754, pag. 110), par

» la somme des côtés d'un polygone circons- » crit à cette île, de façon que le terrain qui se » trouvait hors de ce polygone fût à très peu » près compensé par l'étendue des petites baies » ou anses qui rentraient en dedans de ce même » polygone; son plus grand diamètre est à peu » près nord et sud, et de trente et un mille huit » cent quatre-vingt-dix toises; et sa plus grande » largeur prise à peu près est et ouest, et de vingt- » deux mille cent vingt-quatre toises; sa figure est » ovale, ayant le sommet du nord plus allongé et » celui du sud plus aplati; sa surface est de quatre » cent trente-deux mille six cent quatre-vingts » arpents (1), à cent perches de vingt pieds de » longueur: c'est l'aire du polygone dont je viens » de parler. »

La presque totalité de l'île est couverte de montagnes; cependant sa partie nord-est et surtout celle du nord sont généralement assez basses: elles comprennent le quartier du Rempart, celui des Pamplemousses et une portion de celui de Flacq. Cette partie contient aussi beaucoup moins de rivières et de ruisseaux que le reste de l'île. On

(1) Plus du tiers de cette surface est en culture; la dixième partie seulement était défrichée en 1753, ainsi que nous l'apprend encore l'abbé de la Caille, pag. 115 des Mémoires cités.

peut dire même qu'il n'en existe aucun depuis la baie des Tortues jusqu'à la Poudre d'Or.

Si l'on imagine une ligne qui aille du Port-Napoléon à l'anse de la grande rivière du Port-Impérial, cette ligne formera, à peu près, la séparation de la partie basse de l'île d'avec la partie haute.

Les portions les plus élevées sont, 1°. le piton de la montagne de la petite rivière Noire; 2°. Pieter Bot; 3°. le Pouce; 4°. la montagne du Rempart; 5°. celle du Corps-de-Garde; 6°. celle de la Savane; 7°. celle des Trois-Mamelles; 8°. celle du Bambou; et 9°. le piton du milieu de l'île.

Le morne Brabant par sa position isolée, en quelque sorte, paraît au premier aspect l'un des points les plus saillants de l'île : le sommet de cette montagne n'est cependant élevé que de deux cent quatre-vingt-trois toises.

La partie centrale de l'île paraît avoir éprouvé, dans des temps fort reculés, des déchirements considérables; elle est en général moins élevée que les montagnes qui l'entourent par un cordon presque circulaire : cette partie n'est d'ailleurs point plane; elle offre aux yeux de l'observateur des anfractuosités nombreuses.

Pieter Bot et le Pouce sont les points les plus

élevés d'un système de montagnes distinct et séparé du reste; ses embranchements divers se projettent dans plusieurs directions, et forment des vallées agréables et fertiles; deux de ses rameaux principaux, dont l'un s'avance au N. O. et l'autre au N., sous le nom de montagne Longue, circonscrivent le terrain dans lequel se trouvent la ville et le Port-Napoléon. Une autre arête, qui est aussi plus étendue, a sa direction vers l'est; elle va depuis Pieter Bot jusqu'à la montagne de la Faïence, en s'abaissant graduellement. Le prolongement de cette arête au-delà du Pouce, forme avec celle qui va de cette dernière montagne au morne de la Découverte, un enfoncement connu sous le nom d'anse Courtois. L'anse ou vallée des Prêtres (1) se trouve dans l'est de la montagne Longue, au pied, et dans le N. E. de Pieter Bot.

La montagne du Corps-de-Garde est isolée; elle se trouve séparée des montagnes du Port-Napoléon par la Grande-Rivière; son sommet gît

---

(1) Ainsi nommée parce que le terrain de cette partie de l'île fut occupé jadis par les premiers missionnaires, qui vinrent s'établir dans la colonie.

C'est dans l'anse des Prêtres qu'étaient placées les habitations de *Paul et Virginie*. (Voyez Bernardin de Saint-Pierre, Etudes de la Nature, tom. IV.)

à deux lieues environ et dans le S. 22° O. du morne de la Découverte du Port.

Plus loin, vers le sud, se distinguent les montagnes du Rempart et des Trois-Mamelles. La rivière du Rempart au N. coule entre elles et la montagne du Corps-de-Garde; la rivière du Tamarin et du Boucant, et la grande rivière Noire, les séparent de la montagne de la petite rivière Noire, dont le piton, ainsi que nous l'avons fait observer déjà, est le point le plus élevé de l'île.

Entre ces deux dernières rivières, et sur le bord de la mer, se trouve le morne de la grande rivière Noire; sa hauteur est exactement la même que celle du morne Brabant. De ce point, une nouvelle arête s'élève par degrés jusqu'au système de montagnes voisines du piton de la petite rivière Noire.

Ce dernier piton est lié au morne Brabant par une arête dont la courbure est circulaire; elle comprend dans son cours le piton du Canot, celui de la Porte et celui de Fouge.

La rivière de la Baie du Cap coule dans une vallée agréable et bien boisée, qui sépare les montagnes dont nous venons de parler de celle de la Savane.

La montagne de ce nom s'étend depuis la rivière de la Baie du Cap jusqu'au port de la

Savane ; elle forme un rideau qui s'abaisse par degrés jusqu'au rivage, et se prolonge de l'E. à l'O. dans une longueur de dix milles environ (1).

L'arête principale éprouve à son milieu une légère inflexion vers le nord. A ce point aussi commence une nouvelle branche qui s'élève à peu près perpendiculairement sur la première, et s'avance d'une lieue dans le N. E. Entre cette branche et le piton de la Savane se trouve le grand bassin. Malgré qu'il soit dans une partie basse, relativement aux montagnes dont il est environné, il se trouve néanmoins fort élevé au-dessus du niveau de la mer.

A partir du port de la Savane, et en s'avançant vers l'E. et le N. E. jusqu'à la montagne des Créoles, le système des montagnes change tout-à-coup. Quoique toujours fort élevées, elles ne présentent plus ni crêtes, ni arêtes isolées ou distinctes. On peut dire cependant que la partie la plus haute suit en masse une direction à peu près parallèle aux côtes de l'île, vers lesquelles on la voit s'abaisser par étages très prononcés, jusqu'à

---

(1) Le mille dont nous faisons ici usage, est de neuf cent cinquante et une toises; il est égal à une minute de grand cercle sur le globe terrestre, c'est-à-dire au tiers d'une lieue marine.

la plaine qui borde la mer. Cette partie des montagnes de l'île présente surtout des anfractuosités, des coupures profondes, et plus que toute autre elle porte l'empreinte des bouleversements auxquels l'île a été livrée.

La plupart de ces fondrières servent de lit aux rivières et aux torrents qui se précipitent en cascades multipliées du plateau supérieur jusqu'à la mer.

La dernière des rivières de ce genre est la rivière des Créoles. Au nord de celle-ci se distingue la montagne du même nom, dont l'arête, dirigée au N. O., vient se joindre à un système plus étendu, qui est celui des montagnes du Port-Impérial.

Le piton du Bambou est le point le plus élevé de ce système; une de ses arêtes se dirige vers la Pointe du Diable, une autre vers la montagne du Port, une troisième enfin, dont la direction est à peu près E. et O. vient se rattacher à la montagne des Créoles.

Au nord du piton du Bambou se trouve la grande rivière du Port-Impérial; elle prend sa source au piton du milieu de l'île, montagne isolée et de forme conique, qui, du centre des forêts antiques qui occupent cette partie de l'île, se projette majestueusement dans les airs.

Au nord, et au-delà de la Grande-Rivière, se distingue la montagne de la Faïence, dont les deux pointes, inégalement élevées, se trouvent presqu'exactement par la même latitude.

Le piton de la première Découverte est peu saillant au-dessus de la surface de l'île; il n'est éloigné que d'environ une lieue de la butte des Papayers, moins élevée encore, et au-delà de laquelle le terrain s'abaisse de plus en plus jusqu'au bord de la mer.

Nous allons joindre ici une table de la hauteur des montagnes et autres points de l'île, tels qu'ils ont été observés par l'abbé de la Caille, en 1753. nous ferons précéder chaque article d'un numéro, correspondant à celui employé pour le même point dans la table des positions géographiques.

TABLE

DE LA HAUTEUR DES PRINCIPAUX POINTS DE L'ÎLE-DE-FRANCE;

Mesurés géométriquement par l'abbé de la Caille, en 1753.

Numéros d'ordre.	INDICATION DES LIEUX.	HAUTEUR au-dessus du niveau de la mer.
		toises.
1	Observatoire de l'abbé de la Caille.	6
72	Le sommet du Colombier, ou de l'île Blanche.	27
56	Pointe du Diable	53
71	Le sommet de l'île Plate	54
70	Le sommet du Coin de Mire.	81
74	Le sommet du parasol de l'île aux Serpents.	83
3	Pied du mât de pavillon de la montagne Longue.	89
78	Pied du mât de pavillon du piton de la première Découverte.	134
65	Sommet oriental de la montagne de la Faïence.	164
73	Le sommet de l'île Ronde	165
2	Le pied du mât de pavillon de la montagne de la Découverte, du Port-Napoléon.	166
51	Sommet oriental de la montagne des Créoles.	188
6	Sommet occidental de la montagne de la Faïence.	223
53	Sommet de la montagne du Port-Impérial.	249
28	Le piton du Canot	274
30	Le piton de Fouge.	276
26	Morne de la grande rivière Noire	283
31	Morne Brabant.	283
85	Piton du milieu de l'île.	302
29	Piton de la montagne de la Porte	309
58	Piton de la montagne du Bambou	322
22	La plus haute pointe de la montagne des Trois-Mamelles	342
42	Piton de la Savane.	355

Numéros d'ordre.	INDICATION DES LIEUX.	HAUTEUR au-dessus du niveau de la mer.
		toises.
21	Sommet de la montagne du Corps-de-Garde.	369
25	Sommet de la montagne du Rempart. . .	396
6	Sommet de la montagne du Pouce	416
4	Sommet de la montagne de Pieter Bot (1). .	420
27	Piton de la montagne de la petite rivière Noire.	424

On rencontre dans divers quartiers de l'île des Cavernes ou Caves naturelles. Plusieurs d'entr'elles se font remarquer par leur aspect pittoresque, et d'autres par leurs dimensions. Nous allons donner les mesures de la plus vaste de ces cavernes, qui se trouve entourée de diverses autres plus petites, et située auprès d'une pointe à laquelle elle impose le nom (2).

M. Bernardin de Saint-Pierre a donné à cet égard une notice fort exacte. Nous allons extraire en conséquence ce qui va suivre de son Voyage à l'Ile-de-France (tom. I, pag. 253.)

(1) Ce ne peut être que par erreur que M. Bory de Saint-Vincent dans son *Voyage dans quatre Iles des mers d'Afrique*, désigne Pieter Bot comme le point le plus élevé de l'île, et qu'il en fixe la hauteur, selon l'abbé de la Caille, à quatre cent vingt-quatre toises. (Voyez tom. I, pag. 203 et 212. Op. cit.)

(2) Pointe des Caves.

			toises.	pieds.	toises.	pieds.
PREMIÈRE voûte, depuis l'entrée	sa direction à l'O. 22° N.	hauteur	3	2		
		largeur	5	»		
		longueur			22	»
DEUXIÈME voûte, depuis le premier coude.	le terrain tourne à l'O. 34° N.	hauteur	2	5		
		largeur	4	»		
		longueur			68	2
TROISIÈME voûte, depuis le deuxième coude.	La voûte tourne à l'O. 25° N. A son extrémité elle n'a que 4 pieds de hauteur, mais elle se relève à quelques toises de là.	hauteur	1	5		
		largeur	2	2		
		longueur			48	2
QUATRIÈME voûte . . .	le terrain va droit et sans coude.	hauteur	3	»		
		largeur	4	3		
		longueur			58	2
CINQUIÈME voûte, troisième coude	il va au N. 39° O.	hauteur	1	2		
		largeur	3	»		
		longueur			38	2
SIXIÈME voûte, quatrième coude . . .	au N. 36° O.	hauteur	1	4		
		largeur	3	3		
		longueur			15	»
SEPTIÈME voûte, cinquième coude . . .	à l'O. 8° 45′ N.	hauteur	1	3		
		largeur	2	4		
		longueur			26	4
HUITIÈME voûte, sixième coude	à l'O. 8° 45′ S.	hauteur	1	5		
		largeur	3	»		
		longueur			15	»
NEUVIÈME voûte, septième coude	au N. 31° 15′ O.	hauteur	1	1		
		largeur	3	»		
		longueur			28	2
DIXIÈME voûte, huitième coude	à l'O. 41° 30′ N.	hauteur	2	»		
		largeur	3	»		
		longueur			16	4
ONZIÈME voûte.		hauteur	0	2		
		largeur	1	4		
		longueur			6	»
		LONGUEUR TOTALE.			343	»

Les autres caves ou cavernes les plus considérables sont celles de Flacq, de la rivière du Rempart et celles de la Savane, dont quelques-unes ont dix pieds d'ouverture.

La nature du sol sur lequel coulent la plupart des rivières de l'île ne leur permet pas d'avoir un lit uni et tranquille. Dans plusieurs endroits elles s'élancent de lieux très élevés pour retomber dans des abîmes profonds. Quelques-unes de ces cascades offrent un aspect imposant et majestueux; la plus remarquable de toutes est celle de la rivière du Tamarin : l'on estime sa hauteur d'environ cent vingt toises. A la vérité, la cascade est brisée dans sa chute, c'est-à-dire qu'elle a plusieurs étages; mais elle n'en est que plus belle, et plus pittoresque. La cascade de la rivière du Rempart, celle du Réduit, ou de la grande rivière du Port-Napoléon, celles de la rivière de Moka, de la grande rivière Noire et de la rivière du Poste, sont à la fois les plus remarquables et les plus élevées, après la première dont nous avons parlé.

A l'égard des étangs que l'on rencontre sur l'île, le plus considérable se nomme le Grand-Bassin. Il a près de deux milles de tour. Il donne naissance à la rivière des Anguilles. Il existe un petit îlot à peu près au milieu de ce bassin. La profondeur de l'eau est très considérable : on assure que plusieurs personnes ont fait des tentatives pour la mesurer sans pouvoir jamais y réussir.

---

§. II.

DÉTAILS NAUTIQUES.

Nous venons de faire connaître les dimensions principales de l'Ile-de-France ; nous avons parlé de la hauteur et de la direction de ses diverses chaînes de montagnes, et donné les mesures de la plus grande excavation qui se rencontre sur son sol : nous allons examiner maintenant les rivages de l'île, dans ses rapports avec la navigation.

Le Port-Napoléon est situé vers la partie N. O. de l'Ile-de-France, à peu près au tiers de sa longueur, à partir de son extrémité nord. Les Hollandais qui ont occupé cette colonie plusieurs années avant les Français, l'appelaient *Noord Wester Haven*, c'est-à-dire, port Nord-Ouest. Il fut ensuite nommé Port-Louis, à l'époque où les Français vinrent y former un établissement. Il reprit sa première dénomination pendant les orages révolutionnaires ; et depuis le rétablissement de l'ordre social, la reconnaissance lui imposa le nom du chef auguste de l'Empire.

Ce port creusé par la nature est d'un contour très irrégulier. L'île aux Tonneliers se trouve à sa partie septentrionale; une large et profonde coupure entre les coraux forme l'entrée; cette entrée, ou chenal principal, a sa direction N. O. et S. E. La longueur du port dans ce sens, depuis la partie extérieure des récifs jusqu'à l'aiguade de la marine, est de mille trois cent cinquante toises. Plus loin, et à peu près dans la même direction, on trouve le bassin des Chaloupes; traversé par un pont mobile qui facilite les communications de l'arsenal. Dans l'O. est l'îlot de la tour d'Ordre, maintenant réuni à la pointe de Caudan, par des travaux considérables, dont plus bas nous ferons connaître l'objet. Au N. E. de ce point existe un bassin sûr et commode, nommé Trou-Fanfaron; il peut recevoir plusieurs vaisseaux de ligne. Une digue qui sert à la fois de chaussée, a été construite dans sa partie orientale; elle doit prévenir l'encombrement qu'occasionneraient les dépôts de rivières de la plaine Verte, et du camp Malabare: un canal de dérivation en conduit les eaux à l'embouchure de la rivière des Lataniers. Là aussi commence une chaussée fort belle qui réunit l'île aux Tonneliers avec la grande terre. Son but est d'empêcher les atterrissements dans cette partie du port, et d'établir ensuite une communication nécessaire. Cette chaussée importante, qui n'a pas moins de quatre cent cinquante toises de longueur (1), a été construite par M. de Tromelin.

La partie S. O. du port avait besoin de travaux du même genre. Les rivières ou torrents qui traversent la ville des deux côtés de la salle de spectacle, celle qui coule au pied des casernes et qui vient déboucher dans l'anse de Caudan, charrient les terres et les *detritus* que les pluies et les ouragans détachent de la montagne du Pouce et de celle de la Découverte du Port.

Les sondes faites en 1792 par ordre de M. le gouverneur Malartic, comparées avec celles de 1775, prises par M. de Boisquenay, capitaine de brulôt, ont prouvé que ces atterrissements marchaient dans une progression très rapide. Nous allons mettre ce tableau de comparaison sous les yeux du lecteur.

---

(1) M. Tombe, dans son *Voyage aux Indes orientales* (tom. I, pag. 69), indique cette dimension de deux cent soixante et dix toises seulement. Nous nous croyons ici fondés à relever cette erreur.

Parallèle des Sondes faites au Port-Napoléon en 1775 et en 1792.

SONDES DE 1775.	*pieds.*	SONDES DE 1792.	*pieds.*
Depuis la digue dans le fond du Trou-Fanfaron jusqu'à la pointe de la Poudrière, qui est à son entrée ; de. .	4 à 9	Le Trou-Fanfaron ayant été curé à l'époque dont il est question, les sondes sont de. .	4 à 25
De ce dernier point jusque par le travers de la Pointe aux Forges ; de. .	8 à 10	Cette partie ayant pareillement été curée, les sondes sont de	25 à 12
De là jusqu'à la Pointe aux Chiens, où se trouve l'aiguade du fond du port ; de.	8, 5 et 6	Cette partie a été aussi nettoyée, les sondes se trouvent de. . .	12 à 5
Depuis le milieu de la ligne qui va de la tour d'Ordre à la pointe qui est en face de celle aux Forges ; et partant de là pour aller dans l'ouest de la tour d'Ordre, à mi-chenal ; de. .	10 à 12	Quoique cet intervalle ait été curé, l'on n'y trouve que de.	12 à 3
Depuis le milieu de la ligne dont il vient d'être question jusqu'au fond de l'anse de Caudan ; de.	*pieds.* 6 à 3	Cette longueur n'a pas été nettoyée, on n'y trouve que de.	*pieds.* 3 à 1½
Depuis le milieu de la même ligne jusque par le travers de l'anse de la rivière des Lataniers, à mi-chenal ; de.	12 à 16	Cette partie a été légèrement curée ; les sondes sont de	12 à 19

SONDES DE 1775.		SONDES DE 1792.	
Depuis ce dernier point, en s'avançant toujours à mi-chenal, jusque par le travers de la pointe la plus intérieure de l'île aux Tonneliers; de. .	16 à 30	Cet espace n'a point été nettoyé ; les sondes sont de. .	19 à 25
Depuis le dernier point indiqué, jusque par le travers de la pointe extérieure de l'île aux Tonneliers et du fort Blanc; de. .	30 à 50	Cette partie du port n'a point été curée ; les sondes y sont de.	28 à 45

Le curage du port n'ayant point eu lieu depuis 1792, ou n'ayant été entrepris que partiellement et d'une manière imparfaite, les attarrissemens ont augmenté sans cesse, jusqu'au point d'encombrer les passes (1).

Déjà les vaisseaux du premier rang ne peuvent plus entrer au-delà du tiers du chenal, ainsi qu'on l'a remarqué en 1803, à l'arrivée du vaisseau *le Marengo*. Quant aux frégates ou vaisseaux du deuxième rang, il est nécessaire de les décharger pour les faire entrer dans le fond du port.

Pour remédier à tous ces inconvients, il fallait fermer : 1°. l'ouverture de l'anse de Caudan,

(1) Nous n'avons point marqué les sondes sur notre plan du Port-Napoléon, parce que nous n'aurions pu le faire que d'une manière incomplète.

2°. donner une issue différente aux eaux bourbeuses des rivières qui viennent s'y décharger ; et 3°. rétablir les machines à curer.

M. le capitaine-général Decaën a senti toute l'importance de ces travaux, et en a ordonné l'exécution.

Nous avons marqué sur notre plan les changements divers dont il s'agit ; le projet du canal de dérivation et celui de la jetée de soutenement qui doit aller de la tour d'Ordre aux terrains qui avoisinent le fort Blanc y sont indiqués par des lignes ponctuées.

L'intérieur du port est aussi encombré dans plusieurs endroits, par les carcasses d'un grand nombre de vaisseaux, frégates et autres navires (1) naufragés pendant les ouragans. On en a relevé quelques-unes, d'autres pourraient être retirées encore, mais la plus grande partie se trouvent enveloppées de coraux, et forment au-

(1) On a conservé le nom de la plupart de ces bâtiments, mais il me paraît peu intéressant de les rapporter ici. Ceux qui cependant desireraient les connaître, les trouveront cités dans plusieurs ouvrages, et entr'autres, sur le plan du Port-Napoléon, inséré dans le deuxième volume de l'Hydrographie Française de M. Bellin.

jourd'hui des rochers, sinon inextirpables, du moins bien difficiles à enlever.

En face, et au nord de la pointe de Caudan; auprès de la pointe de terre qui se trouve vis-à-vis, et de l'autre côté du port, sont deux bandes de rochers à fleur-d'eau, dont l'une est détachée de la côte, et la deuxième y est attenante. La mer y brise fortement dans les gros temps, surtout lorsque le vent et la houle viennent du large.

Les lieux de débarquement sont partout faciles et commodes dans le fond du port; les navires peuvent aller décharger leurs cargaisons sur les quais. A l'égard des chaloupes et autres petites embarcations, il leur est facile d'aborder encore à la jetée de la pointe de Caudan, à celle du fort Blanc, sur la chaussée Tromelin, et à l'île aux Tonneliers. Il est cependant divers points de cette île où ne peuvent accoster que les pirogues et les plus petits canots. Il faut être pratique pour ne s'y point engager au milieu de coraux dangereux dont il est quelquefois difficile de se retirer.

Il y a dans le port deux très belles aiguades où les bâtiments peuvent envoyer de tout temps faire leur eau. La première, ou la plus intérieure, se trouve à côté d'une pointe formée par la réunion des quais, et que l'on nomme Pointe des Chiens;

elle est la plus ancienne. Ses eaux qui descendent du Pouce sont d'une très bonne qualité.

La seconde aiguade est placée au bout de la cale de la Pointe de Caudan. On en doit le rétablissement à M. le capitaine-général Decaën.

Les marées sont assez faibles dans ce port: celles des équinoxes ne s'élèvent que de trois pieds seulement, et les marées ordinaires de deux pieds deux pouces tout au plus. Les brises influent sur les marées; celles de l'O. et du N. O. les font monter. L'établissement du port, ou l'heure de la pleine mer dans les nouvelles et pleines lunes, est à midi (1).

Pendant les ouragans on a vu la mer sortir de ses limites et s'élever jusqu'à une hauteur de douze à quinze pieds au-dessus de son niveau ordinaire; mais ces exemples sont heureusement fort rares aujourd'hui.

L'île aux Tonneliers et la portion de terre sur laquelle se trouve le fort Blanc, sont également basses et marécageuses. La côte conserve à peu

(1) Cette note sur les marées est tirée du plan de M. de Boisquenay, inséré dans l'Hydrographie Française. M. Tombe indique, pour l'établissement du port à l'entrée du Trou-Fanfaron, une heure trois quarts, ce qui n'est point exact. (Voyage aux Indes orientales, par Tombe, tome 1, page 69.)

près toujours le même aspect, jusqu'à la pointe orientale de l'entrée de la Grande-Rivière.

La baie de la Grande-Rivière est le point où viennent se décharger la rivière de ce nom, celle de l'anse Courtois, et quelques ruisseaux moins importants. Les navires, même ceux d'un fort tonnage, peuvent y pénétrer, ou du moins venir se mettre en sûreté en mouillant à son embouchure. En temps de guerre, elle est un refuge précieux pour les bâtiments qui ne peuvent pas entrer dans le Port-Napoléon.

Les côtes de cette baie sont bordées d'un récif de corail qui va se rattacher vers l'est à ceux qui entourent le fort Blanc, et qui, à l'ouest, s'étend presque jusqu'à la pointe de la Plaine des Sables.

De ce point, en s'avançant au sud, on rencontre une côte très escarpée; elle conserve la même constitution jusqu'à l'embouchure de la rivière Belle-Ile. La mer brise avec fureur dans tout cet espace; on la voit se précipiter en écumant sur le récif, qui, à son tour, la fait refluer sur elle-même. Cependant on rencontre dans cette partie, l'anse de la Petite-Rivière; c'est un *barachois* où vient déboucher la rivière de ce nom. Les petites embarcations peuvent au besoin aller y chercher un mouillage.

Plus loin se trouvent la baie du Tamarin et celle de la grande rivière Noire. La première offre un bon mouillage, depuis deux jusqu'à vingt-cinq brasses, en dedans des pointes, et de trente à trente-cinq en dehors; mais cette baie étant fort ouverte, est plus exposée aux attaques de l'ennemi que la baie de la grande rivière Noire, qui se trouve à peu de distance au S. de celle-là.

Cette dernière peut recevoir les plus grands navires, par huit et quinze brasses d'eau. C'est un point de relâche très important, surtout pour les bâtiments de guerre. Les batteries qui ont été établies sur la côte en font un refuge assuré.

Depuis la grande rivière Noire jusqu'au morne Brabant, les récifs occupent une vaste étendue; ils ne s'avancent pas moins d'une lieue au large. Dans l'espace que nous venons de désigner se trouvent plusieurs îlots : le plus considérable est l'îlot du Morne, où l'on envoie souvent en quarantaine les bâtiments qui ont des maladies épidémiques; sa dimension principale est d'un mille environ. L'îlot du Tamarin, très voisin de la côte, et les Bénitiers, au sud de l'îlot du Morne, sont d'une dimension moins grande.

La baie de la petite rivière Noire se trouve entre les îlots dont nous venons de parler et la baie de la grande rivière Noire; elle n'est accessible qu'aux petits navires qui peuvent d'ailleurs y mouiller en toute sûreté.

Diverses coupures entre ces récifs ne sont praticables que pour les pirogues ou les bateaux pêcheurs.

La ceinture de corail que nous venons de décrire se prolonge en contournant le cap sud-ouest de l'île, jusqu'à l'entrée de la baie du cap. Au milieu de la distance qui existe entre ces deux points se trouve l'îlot des Fourneaux, situé près de terre, à l'embouchure d'une petite anse.

La baie du cap contient un très bon mouillage pour les petits vaisseaux; les frégates même pourraient, au besoin, jeter l'ancre à son entrée.

Le bras de mer Saint-Martin serait aussi un abri commode, si le brassiage était plus considérable ; mais les pirogues de pêcheurs et les bâtiments caboteurs du plus faible tonnage peuvent seuls y entrer.

L'embouchure de la rivière des Citronniers forme un petit port agréable qui peut recevoir des navires de deux cents tonneaux (1).

Le port Jacotet est un point très important pour les navires marchands et les bâtiments de

(1) Voy. le Voyage à l'Ile-de-France, de Bernardin de Saint-Pierre (tome 1, page 284).

guerre d'une moyenne capacité. Si l'on retirait du milieu de ce bassin quelques coraux qui gênent la navigation, il deviendrait d'une utilité plus générale.

Du port Jacotet à celui de la Savane le récif est continu, mais il s'avance peu au large. Ce dernier enfoncement peut recevoir les navires caboteurs et ceux d'une petite capacité.

L'on trouve à son entrée depuis vingt jusqu'à trente brasses d'eau; mais le brassiage diminue bientôt rapidement à mesure que l'on s'avance vers l'intérieur; les bords sont très escarpés, mais le fond assez inégal: en dedans se trouve un îlot de corail.

Au-delà du port de la Savane, le récif extérieur qui borde la côte ne s'étend que jusqu'à l'embouchure de la rivière du Bain des Négresses. Plus loin, et jusqu'à l'entrée du bras de mer du Bouchon, le récif est interrompu; mais la côte, dans cet intervalle, est très accore, et absolument inabordable. La mer brise partout avec fureur. Le bras de mer du Bouchon et celui du Chalan ne sont praticables que pour des pirogues.

A partir du bras de mer du Chalan, et en s'élevant au nord jusqu'aux îles aux Cerfs, on rencontre les récifs qui sont en face du Port-Impérial. Ces récifs donnent issue aux navires par trois ouvertures seulement.

La première, ou la plus au sud, se nomme la Petite-Passe; c'est la plus fréquentée : elle est très sinueuse, mais l'eau y est partout profonde; les plus gros vaisseaux peuvent y naviguer.

La seconde passe est à peu près par la latitude de la Pointe du Diable; mais comme elle n'a que deux brasses d'eau à son entrée, elle ne peut être pratiquée que par les petites embarcations. Le brassiage augmente à mesure que l'on s'avance vers l'O.; il passe successivement de trois à six, huit, quatre et six brasses jusqu'au point où l'on arrive dans le canal principal qui prolonge la côte.

La troisième enfin, qui porte le nom de Grande-Passe, se trouve un peu au nord de la précédente; sa direction, depuis l'îlot des Roches qui est à son embouchure, jusqu'à la pointe du Diable, où elle vient aboutir, est à peu près N. E. et S. O. Les vaisseaux de ligne peuvent y naviguer; mais comme en s'avançant davantage au sud pour se rapprocher du Port-Impérial, il faut passer sur un banc où l'on ne trouve pas plus de quatre brasses ou quatre brasses et demie, cette passe est avec raison jugée dangereuse : aussi est-elle peu fréquentée, du moins par les gros bâtiments.

Le haut-fond dont il s'agit se trouve à l'est de la ville du Port-Impérial. Il est probable qu'on pourrait, par des travaux convenables, élargir la passe en cet endroit, ou la creuser davantage : ce serait un bienfait réel pour la navigation, parce qu'alors la sortie de ce port par le nord serait praticable lorsque les vents empêchent de donner dans la passe du sud.

Du reste, le brassiage dans toute la longueur du canal est assez considérable ; il varie depuis vingt-quatre jusqu'à dix et neuf brasses ; on le trouve seulement de huit, sept et cinq et demi, dans le voisinage du haut-fond dont nous avons parlé.

Lorsqu'on veut entrer dans le Port-Impérial par la route du sud, il faut ranger à petite distance l'île de la Passe, auprès de laquelle il y a de vingt-quatre à vingt-six brasses d'eau. Le chenal se distingue facilement par la couleur de la mer. L'on peut assurer qu'il n'y existe aucun écueil qui ne soit apparent. Les vents alisés du S. E., qui règnent dans ces parages durant la plus grande partie de l'année, sont favorables à cette route.

Si l'on ne voulait pas entrer jusque dans le fond du port, on pourrait mouiller avec sécurité dans le bassin formé entre les récifs, au nord de l'île de la Passe. On y trouve depuis dix-huit jusqu'à vingt-quatre brasses d'eau, fond de vase ou de gravier.

Plus en dedans, le fond augmente d'abord, mais il diminue ensuite. Le mouillage devant la ville est depuis cinq jusqu'à quinze brasses.

Au sud de la ville du Port-Impérial, et en face de la pointe de la Colonie, se trouve l'île des Aigrettes; et, dans l'O. et le N. O. de celle-ci, plusieurs autres petites îles qui sont très voisines de la côte. La plus considérable est l'île de l'Angard, à l'embouchure du bras de mer de ce nom.

Dans le N. E. de l'île de la Passe se trouvent unies au même plateau de corail, l'île des Vacois, celle des Fouquets, et les îles Marianne, illustrées jadis par la longue et cruelle captivité de l'infortuné Leguat et de ses compagnons (1).

Au nord de la passe du Milieu se distingue l'île des Oiseaux. L'île des Flamants, marquée sur le plan de M. d'Après, est maintenant couverte par les eaux.

Les principales rivières qui ont leur embouchure dans ce port sont dans le sud, la rivière de la Chaux, celle des Créoles, la rivière Cham-

---

(1) Voyez le Voyage de Leguat, tome II.

pagne, et la rivière de Nyon. Ces deux dernières se trouvent précisément dans l'O. de la ville du Port-Impérial. Dans le nord se trouve la grande rivière du Sud-Est, qui vient se jeter dans une baie dont la pointe de Camisard forme l'extrémité septentrionale: les chaloupes seulement peuvent y pénétrer, sans pouvoir cependant s'avancer bien avant, à cause d'une cascade ou cataracte qui est très voisine de la mer: les eaux s'en précipitent avec fracas; néanmoins les navires peuvent y envoyer faire aiguade avec facilité.

L'on n'a pas remarqué dans le Port-Impérial des atterrissements pareils à ceux qui ont lieu au Port-Napoléon; on doit sans doute en attribuer la cause à ce que les montagnes de la partie S. E. de l'île ont été beaucoup moins dégarnies des forêts qui les couvrent. Les bois ont retenu davantage les terres, soit par leurs racines, soit par l'obstacle qu'ils opposent par leurs branches et par leurs feuilles aux efforts destructeurs de la pluie et des orages.

Entre la pointe de Camisard et celle des Quatre-Cocos se trouve un nombre considérable de petites îles, que l'on nomme les îles aux Cerfs, et sur lesquelles la mer, qui arrive du large, vient se briser avec une épouvantable furie. Le plateau de corail qui les entoure et qui se prolonge au nord jusqu'au port de Flacq, ne peut les garantir de leur choc.

Le port de Flacq serait l'un des plus beaux et des plus importants de l'île, si le brassiage y était plus considérable. Les navires qui ne calent pas plus de huit pieds peuvent seuls y entrer; ils y jouissent d'une grande sécurité.

Plusieurs rivières viennent se jeter dans le port de Flacq : les plus considérables sont la rivière Cognard, la rivière Sère, celle du Poste et la rivière Françoise, qui est la plus septentrionale.

Divers îlots se trouvent répandus dans l'intérieur du port, indépendamment de ceux qui sont formés par les embranchements des rivières; mais aucun d'eux ne mérite une attention particulière.

Au nord du port de Flacq, et jusqu'au cap Malheureux, la chaîne des récifs qui bordent la côte se prolonge presque sans interruption, et s'étend souvent au large à une grande distance; quelques passages seulement se rencontrent d'intervalle en intervalle : les plus remarquables sont la passe de la rivière du Rempart, en face de la rivière de ce nom; la passe des Citronniers et enfin celle du Saint-Gérant, que les touchants écrits de Bernardin de Saint-Pierre ont rendue à jamais célèbre. Plus loin, et par le travers de la pointe de la Butte aux Lièvres ; on rencontre la Passe de Doscorne, et plusieurs autres ensuite, voisines du cap Malheureux, qui ne sont praticables que pour les pirogues ou les bateaux pêcheurs.

L'île d'Ambre est au centre de tous ces récifs; sa situation et la difficulté d'y aborder, au moins du côté du large, la rendent peu intéressante, sous le rapport de la navigation.

Dans le voisinage du cap Malheureux, l'on distingue plusieurs petits îlots, désignés sous le nom commun d'Ilots du Cap.

Plus au large, vers le N. et le N. E. se trouvent des îlots plus remarquables. Nous en donnerons bientôt la description.

La grande baie qui gît dans l'E. de la Pointe aux Canonniers offre une sécurité parfaite aux navires qui viennent y chercher un abri; mais le brassiage, à l'entrée, n'est que de dix pieds.

Les bâtiments qui seraient poursuivis par l'ennemi pourraient venir se mettre à l'ancre, et sous la protection des batteries, dans la baie du Trou-aux-Biches; mais ils trouveraient un mouillage plus sûr et plus commode dans la baie du Tombeau, qui est la plus voisine, au nord, du port Napoléon. Les sondes y rapportent de huit à quatorze brasses.

A l'égard de la baie des Tortues, intermédiaire aux deux baies dont nous venons de parler, elle n'est accessible qu'aux très petites embarcations.

Le Port-Napoléon est le point le plus important de l'Ile-de-France; il est le siége du gouvernement colonial et la capitale de l'île; c'est là où viennent aborder ordinairement tous les navires qui arrivent soit d'Europe, soit de l'Inde. Il est nécessaire par conséquent de faire connaître d'une manière précise et suffisamment détaillée la meilleure route que l'on doit suivre pour y arriver. Nous ne pouvons certainement mieux faire que d'extraire ce qui a été dit sur ce sujet par le célèbre d'Après de Mannevillette. (Voyez son Neptune oriental, texte, pag. 20.) Ces instructions sont excellentes, et depuis long-temps les officiers de notre marine, ainsi que les navigateurs étrangers qui fréquentent ces parages, en ont reconnu tout le mérite. Nous avons lu plusieurs autres écrits sur cette matière: ceux de M. Dalrymple, du capitaine J. Blake, du capitaine Munro, etc., que M. Charles Grant a réunis dans son *History of Mauritius* (chap. Ier), ne contiennent rien d'important, qui ne se trouve aussi, et toujours d'une manière plus précise, dans le texte de M. d'Après. Nous suivrons donc ce texte avec exactitude; et, s'il nous arrive de nous en écarter quelquefois, nous aurons soin d'en prévenir par une note, où nous ferons connaître les motifs qui nous auront forcé à faire des changemens.

Lorsqu'en venant de l'est on est incertain de la distance où l'on peut être de l'Ile-de-France, « il « faut naviguer avec beaucoup de prudence, » crainte de la rencontrer inopinément pendant » la nuit. Les récifs qui environnent la partie de » l'est, et qui s'avancent en quelques endroits au » large, en rendent l'abord imprévu très dan- » gereux.

» Cette île s'aperçoit aisément de quinze à » seize lieues en mer, d'un beau temps; mais » très souvent les nuages et les brouillards qui » s'élèvent au-dessus ne permettent pas de la dé- » couvrir à cet éloignement. Son terrain, sur le- » quel s'élèvent plusieurs montagnes de différen- » tes grandeurs et figures, en rend l'aspect très » irrégulier. Lorsqu'on y atterre par vingt degrés » de latitude, on voit à la partie du sud un groupe » de hautes montagnes, nommées les montagnes » du Bambou, qui sont au-dessus du Port-Impé- » rial; et du côté du nord on aperçoit quatre » îlots qui sont au nord-est de la pointe du nord » de l'Ile-de-France. C'est entre ces îlots qu'on

» passe ordinairement pour aller au port nord-» ouest, qui est l'endroit principal de cette île.

» L'île Ronde, qui est l'îlot le plus avancé en » mer, est aussi le plus remarquable quand on » vient de l'est ; on le découvre de dix à douze » lieues. Cet îlot, qui n'a tout au plus qu'un tiers » de lieue de longueur, paraît arrondi et sem-» blable à un tas de foin ; en l'approchant, on » voit un gros rocher aride, ou îlot beaucoup plus » petit, qu'on appelle l'île aux Serpents (1), qui » gît au N. 32° E. de l'île Ronde, et n'en est » séparé que d'un quart de lieue (2).

» L'île Ronde est située par 19° 50′ 34″ de » latitude (3), et lorsqu'on vient atterrer par

---

(1) Cette île a été nommée ainsi, parce qu'elle nourrit, à ce que l'on assure, des serpents ou couleuvres. Elle est, dit-on, la seule de ces parages où l'on trouve de ces animaux.

(2) Cette distance paraît être plus grande. Les opérations géométriques de l'abbé de la Caille la fixent à peu près à une demi-lieue. Il faut dire cependant que cet intervalle est un peu rétréci par la chaîne de récifs qui s'avancent de l'île aux Serpents vers l'île Ronde.

(3) M. d'Après indique seulement 19° 50′. Nous avons préféré suivre en tout point ici, comme sur notre carte, les déterminations de l'abbé de la Caille,

» cette hauteur à l'Ile-de-France, on aperçoit
» plus tôt cet îlot que la grande île, surtout
» quand le ciel est un peu couvert et l'horizon
» épais.

» Quand on vient du sud, l'île Ronde paroît
» moins, mais on découvre alors sa plus grande
» étendue. Soit qu'on vienne de ce côté-là ou de
» celui de l'est, on doit toujours gouverner pour
» en passer au sud, à trois quarts de lieue ou
» à demi-lieue de distance; d'où l'on fait route
» ensuite vers un autre îlot nommé le Coin de
» Mire, qui en est éloigné de dix mille $\frac{3}{10}$ au S.
» 60° 30′ O. (1). Comme cet îlot a la forme
» d'un coin, cette apparence lui en a fait donner
» le nom.

» Une lieue au N. 30° E. (2) du Coin de Mire,
» et cinq milles et demi à l'O. 12° S. (3) de l'île
» Ronde, est située l'île Longue ou Plate, ainsi
» nommée à cause qu'elle est basse en plus grande
» partie; elle est divisée en deux par un petit bras

---

(1) Le texte de M. d'Après porte : « Éloigné de trois lieues deux tiers au sud-ouest-quart-ouest, 3° 30′ ouest. » Cette direction équivaut au S. 59° 45′ O.

(2) M. d'Après indique le N. 45° E.

(3) M. d'Après indique deux lieues et demie à l'O. S. O.

» de mer dans lequel les pirogues peuvent passer. » On voit au nord-est un gros rocher qui ressemble à une grosse tour (1); il paraît séparé de » l'île Plate, quoiqu'il y soit joint par une chaîne » de rochers à fleur d'eau. Le bout du nord-» ouest de l'île Longue est haut et escarpé au » bord de la mer. C'est entre cette île et le Coin de » Mire qu'est le passage ordinaire des vaisseaux.

» Ainsi, après avoir doublé l'île Ronde du côté » du sud, on gouvernera sur le Coin de Mire, le » laissant cependant un peu à bas-bord, afin de » s'écarter de plusieurs rochers dessus et dessous » l'eau, qui bordent le côté du nord du Coin de » Mire, dont les plus avancés en mer en sont » écartés d'une portée de fusil (2).

---

(1) On le nomme *le Colombier.*

(2) J'ai passé plusieurs fois auprès du Coin de Mire, et je n'ai jamais vu les rochers dont parle ici M. d'Après. Il y a plus : j'ai été moi-même sur l'îlot dont il s'agit, j'en ai examiné la constitution ; il m'a paru très accore du côté de l'O., du N. et du S. La partie de l'E., qui est basse et saillante, se termine par une traînée de roches sous l'eau et hors de l'eau, qui peut bien s'avancer en mer à la distance d'une portée de fusil, ainsi que M. d'Après l'indique. Je crois pouvoir assurer aux navigateurs, d'après ma propre expérience, que le Coin de Mire peut être rangé au N. à une portée de

» Aussitôt qu'on aura doublé la roche la plus » à l'ouest, on s'approchera du Coin de Mire, » dont la partie de l'ouest est la plus élevée et » coupée à pic jusqu'à la mer. De cet endroit on » cinglera pour ranger la Pointe aux Canonniers, » qui gît directement au S. 47° O. du plus élevé » du Coin de Mire (1), en donnant rumb aux » brisants ou rochers de cette pointe qui s'avancent » d'une demi-portée de canon en mer (2).

» Les courants ou marées dont l'établissement » est d'une heure, sont ordinairement très vio- » lents entre ces îles, et on a remarqué que leur » vitesse est de trois quarts de lieue ou d'une » lieue par heure. Le flot porte au nord-est, ou » quelquefois à l'est, et le jusant en sens con- » traire : on doit donc y faire attention et pren- » dre un peu plus de l'un ou de l'autre côté, sui- » vant le cas où l'on se trouvera.

» L'île Longue forme une anse de sable vis-à-

---

fusil de distance, et même plus près encore, si cela étoit nécessaire.

(1) Ce gisement n'est exact qu'en prenant pour la Pointe aux Canonniers l'extrémité des récifs qui s'avancent au large. Le gisement véritable de cette pointe est le S. 43° O.

(2) La roche la plus avancée vers l'O. reçoit des marins un nom particulier ; ils la nomment *le Loup*.

» vis du Coin de Mire ; à sa pointe du sud-ouest » il y a une chaîne de rochers qui s'avance en » mer d'une portée de canon : comme ce récif » est dangereux, on doit ranger le Coin de Mire » de plus près, ou se tenir au moins à mi-canal.

» L'intervalle entre le Coin de Mire et la partie » du nord de l'Ile-de-France est rempli de hauts-» fonds ; c'est pourquoi il ne faut point s'exposer » à y passer quand on n'en connaît pas la situa-» tion et les issues (1).

» Si le calme survenait lorsqu'on est entre ces » îles, le meilleur parti qu'on pourrait prendre » serait de mouiller avec une ancre à jet, par » quinze ou vingt brasses, fond de gravier ou de » corail, qui est le fond ordinaire ; on évitera, » par cette précaution, d'être jeté par les cou-» rants sur le récif qui est joint à l'île Plate, ou » entraîné entr'elle et l'île Ronde, où il y a plu-» sieurs hauts-fonds, et principalement une » chaîne de rochers qui s'étend de l'île Ronde,

---

(1) Si les circonstances forçaient à prendre cette route, soit pendant le jour, soit pendant la nuit, il faudrait gouverner de manière à se tenir à peu près à mi-chenal, mais un peu plus près du Coin de Mire que du bord opposé. On devrait également se guider par la sonde, et se maintenir par une profondeur de huit à dix et onze brasses.

» près d'une lieue à l'ouest-nord-ouest. Cet écueil, » qui ne brise que quand la mer est agitée, rend » ce canal étroit et dangereux : j'y ai passé, et » j'ai distingué le fond sur la pointe du récif; et » quoiqu'il ne me soit arrivé aucun accident, il » me paraît plus à propos, quand on est sous le » vent de l'île Ronde, de passer au-dehors de » l'île Plate, la ranger à une demi-lieue, et cin- » gler de là vers la Pointe aux Canonniers.

» Après avoir doublé cette dernière, on fera » route en accostant la terre, pour ranger de » plus près la pointe du bras de mer qui en est » éloignée d'une lieue. On prolongera ensuite à » un quart de lieue de distance les récifs qui bor- » dent la côte, en prenant garde à ceux qui sont à » l'entrée de la baie des Tortues, et devant celle » du Tombeau, qui s'avancent le plus au large. » Pour les éviter il faut s'entretenir, au moins » par la profondeur de treize à quatorze brasses » pendant le jour, et par celle de vingt brasses » pendant la nuit.

» Du récif du Tombeau, la route doit prendre » un peu au sud; on gouvernera au sud-sud- » ouest, jusqu'à mettre dans le même alignement » la pointe de tribord de la Grande-Rivière, la » montagne du Corps-de-Garde, et un petit » monticule. De cette position, on portera au

» sud-ouest sur deux bouées qui sont à l'entrée » du port, au bout du récif de l'île aux Tonne- » liers, sur lesquelles il y a deux petits pavillons » pour servir de marque.

» On continuera cette route jusqu'à ouvrir la » pointe la plus avancée de l'île aux Tonneliers ; » par la petite montagne de l'enfoncement du » cap ; alors on mouillera par quatorze ou quinze » brasses, à la distance d'une encâblure des deux » pavillons dont on vient de parler.

» Si les vents souffloient du nord ou du nord- » ouest, comme il arrive quelquefois, il sera » inutile alors de mouiller en dehors, vu qu'on » peut entrer aisément dans le port; le chenal y » est indiqué par des bouées qui portent aussi de » petits pavillons. On gouverne au sud-est et sud- » est-quart-sud sur deux pointes de montagnes » qu'on nomme les deux Pieter Bot, les laissant » un peu à tribord; on ira ainsi jusqu'au-dedans » de la première pointe de l'île aux Tonneliers.

» Quand on n'a connaissance de l'île Ronde » que le soir, et qu'on ne peut pas doubler le » Coin de Mire avant la nuit, comme il est dan- » gereux de s'exposer entre les îles lorsque l'obs- » curité ne permet pas de distinguer les objets, » il vaut mieux prendre le parti de louvoyer à » petits bords au large ou à la vue de l'île Ronde,

» avec la précaution de ne pas s'en écarter de » plus de deux lieues, en portant la bordée vers » l'Ile-de-France, à cause des récifs qui l'envi» ronnent. Ce bord de la mer étant fort bas de ce » côté-là, on serait en danger de se perdre sur » ces écueils avant que d'apercevoir la terre; on » ne doit pas surtout, en ce parage, mettre en » travers ou à la cape, à cause des marécs.

» Après avoir doublé l'île Ronde, si on distin» guait assez le Coin de Mire et l'île Longue pour » ne pas les perdre de vue, ce qui peut avoir lieu » d'un clair de lune et d'un beau temps; alors on » peut continuer la route et passer entr'elles : il » suffira de prendre garde à la chaîne de roches » de l'île Longue et à celle du Coin de Mire, dont » j'ai fait mention ci-devant; et lorsqu'on aura » passé ce dernier, et qu'on en sera éloigné d'une » lieue et demie à l'ouest, on gouvernera à l'ouest» sud-ouest du compas, pour ranger le récif de » la Pointe aux Canonniers. On allume ordinai» rement un feu sur cette pointe dès qu'on dé» couvre des vaisseaux (1). Quand ce feu restera

---

(1) Cette précaution n'a pas toujours lieu, et les navigateurs auraient tort de s'y fier. Les feux que les pêcheurs allument parfois sur le rivage, peuvent d'ailleurs facilement donner le change; et cette cir-

» au sud-est à la distance d'une lieue, on aura » doublé le récif, et on pourra ensuite continuer » de prolonger la côte, avec cette attention de » n'en pas approcher par moins de quinze brasses » de profondeur.

» Cependant, comme il est difficile de reconnaître l'entrée du port pendant la nuit, et » qu'on peut aisément se tromper aux feux différents des montagnes, il convient mieux, après » qu'on aura doublé la Pointe aux Canonniers, » de mouiller par dix-huit ou vingt brasses, et » d'y attendre le jour pour aller mouiller devant » le port.

» Il ne faut pas surtout d'un vent faible ou » d'un temps calme accoster soit de jour, soit de » nuit, la Pointe aux Canonniers, à cause des » remoux qui y sont très rapides. »

Lorsqu'en temps de guerre l'on craint que l'ennemi n'ait des croiseurs autour de l'Ile-de-France, il convient aux navires qui veulent y aborder de venir reconnaître d'abord le Port-Impérial.

Pour cela il faut manœuvrer de manière à pou-

---

constance, qui est rapportée ici pour la sûreté des navires, pourrait devenir la cause des plus dangereux naufrages.

voir se trouver au point du jour près l'île de la Passe, afin d'entrer dans le port si l'ennemi est en croisière autour de l'île, et diriger sa route au nord dans le cas contraire.

La présence de l'ennemi est indiquée la nuit par des fusées qui sont lancées de terre à de certains intervalles, et le jour par un pavillon rouge, arboré au fort de l'île de la Passe, et sur les Découvertes.

Il convient d'attérir plutôt dans le sud du Port-Impérial que dans le nord, et de mettre à sec de voile pendant le jour, dans la crainte d'être aperçu aux approches de terre.

Le poste ou port Jacotet est aussi un bon point d'atterrissage, soit pour y mouiller, si le bâtiment ne *cale* pas trop, soit pour se diriger sur la rivière Noire ou le Port-Impérial.

Il peut être utile d'envoyer un bateau à terre au poste Jacotet pour prendre langue et s'informer de la position de la croisière ennemie. On peut prendre la même précaution à l'île de la Passe.

Après avoir parlé de la navigation extérieure, il serait convenable de dire quelque chose de celle des rivières dont l'île est arrosée ; mais il n'y en a aucune de navigable ; les cascades, souvent multipliées, qui interrompent leur cours, les roches qui en tapissent le fond, et dont un grand nombre s'élèvent à fleur d'eau et même au-dessus de la surface, rendent toute entreprise de ce genre impossible.

Plusieurs rivières peuvent néanmoins porter des pirogues; mais la navigation y est alors bornée à un très petit espace, et doit être plutôt regardée comme un amusement que comme un objet de véritable importance.

www.ingramcontent.com/pod-product-compliance
Ingram Content Group UK Ltd.
Pitfield, Milton Keynes, MK11 3LW, UK
UKHW020326220726
13923UKWH00003B/1401